한 권으로 끝내는 영어회화

5minutes! for 30 days

한 권으로 끝내는 영어회화
5minutes! for 30 days

초판 1쇄 인쇄   2010년 12월 10일
초판 1쇄 발행   2010년 12월 15일

지은이 | 강은애, 김호
펴낸이 | 손형국
펴낸곳 | (주)에세이퍼블리싱
출판등록 | 2004. 12. 1(제315-2008-022호)
주소 | 서울특별시 강서구 방화3동 316-3 한국계량계측회관 102호
홈페이지 | www.book.co.kr
전화번호 | (02)3159-9638~40
팩스 | (02)3159-9637

ISBN 978-89-6023-500-7 03740

이 책의 판권은 지은이와 (주)에세이퍼블리싱에 있습니다.
내용의 일부와 전부를 무단 전재하거나 복제를 금합니다.

초급에서 고급까지 30일 프로젝트

한 권으로 끝내는 영어회화
5minutes! for 30 days

| 에세이 작가총서 336 | **강은애 · 김호** 공저

머리말

본 책은 상황에 맞는 영어회화 문장을 말하는 데에 어려움을 겪고 계시는 많은 분들을 위해 집필하였으며 수준별 학습이 가능하도록 난이도 초급, 중급, 고급으로 나누어 구성하여 맞춤 학습이 가능하도록 편성하였습니다. 그리고 총 30파트로 집약하여 하루 1단원 씩 총 30일간 학습을 완료할 수 있도록 하였으며 일대일 대화식으로 구성하여 혼자서 연습이 가능하도록 하였습니다. 아무쪼록 본 책을 통하여 영어회화의 두려움을 극복하시기 바랍니다.

2010년 12월

강은애, 김 호

차례

초급편

chapter 1	10	Meals
chapter 2	14	Sleep
chapter 3	18	Vacation
chapter 4	22	TV& Movies
chapter 5	26	Friends
chapter 6	30	Health
chapter 7	34	Family
chapter 8	38	Sports
chapter 9	42	Weather
chapter 10	46	Stress
chapter 11	48	Love
chapter 12	50	Studying English
chapter 13	52	Hobbies

| chapter 14 | .... 54 .... | Jobs |
| chapter 15 | .... 56 .... | Good habits & Bad habits |

중급편

chapter 16	.... 60	Cars
chapter 17	.... 64	Life style
chapter 18	.... 66	Traffic & transportation
chapter 19	.... 68	Special days
chapter 20	.... 70	Money
chapter 21	.... 72	Communication
chapter 22	.... 74	Smoking & Drinking
chapter 23	.... 76	Disease
chapter 24	.... 78	Marriage & Divorce
chapter 25	.... 80	Retirement

고급편

chapter 26	.... 84	Parents & Children
chapter 27	.... 86	Men & Women
chapter 28	.... 88	Books, Newspapers & Magazines
chapter 29	.... 90	Education
chapter 30	.... 92	Crime & Punishment

초급편

5minutes! for 30 days

>>>>>>>>>>>>> Step 1

Chapter 01 Meals

Q&A (1)

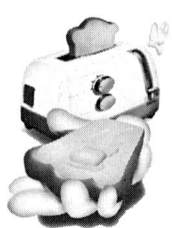

1. Do you usually have breakfast?
   (당신은 보통 아침을 먹습니까?)

2. Who prepares breakfast in your family?
   (당신의 가족 중에서 누가 아침을 준비합니까?)

3. What food do you have when you eat out?
   (외식할 때 당신은 어떤 음식을 먹습니까?)

4. Do you usually pay for your friends or go Dutch?
   (당신은 보통 당신의 친구를 위해 돈을 내 줍니까 아니면 각자 냅니까?)

5. Is it a good idea to take a nap after lunch?
   (점심 식사 후에 낮잠을 자는 것은 좋은 생각입니까?)

---

usually 보통 have 먹다 breakfast 아침식사 lunch 점심식사
prepare 준비하다 eat out 외식하다 pay 지불하다
go Dutch 각자 내다(더치페이하다) take a nap 낮잠 자다

Q&A (1)

1. (1) Sometimes, I skip breakfast.(때때로, 나는 아침을 안 먹습니다.)
   (2) I have breakfast every day.(나는 매일 아침을 먹습니다.)
   (3) I don't have breakfast.(나는 아침을 안 먹습니다.)

2. My mother. / Me.(나의 어머니요.) / (나요.)

3. (1) (I have) Korean food.(나는 한국 음식을 먹습니다.)
   (2) (I have) Western food./hamburgers/pizza/spaghetti.
   (나는 서양 음식을 먹습니다. /햄버거/피자/스파게티)

4. (1) I pay for my friends. (나는 나의 친구들을 위해 돈을 내 줍니다.)
   (2) We go Dutch. (우리는 각자 냅니다.)

5. (1) (I think) it's a good idea.
   (나는 그것이 좋은 생각이라고 생각합니다.)
   (2) (I think) it's not good for health.
   (나는 그것이 건강에 좋지 않다고 생각합니다.)

---

sometimes 때때로 skip 건너뛰다, 빼먹다 everyday 매일
Korean 한국의 Western 서양의 be good for ~에 좋다

Meals

Q&A(2)

1. Do you think one hour is enough for lunch?
   (당신은 한 시간이 점심시간으로 충분하다고 생각합니까?)

2. What is your favorite food?
   (당신이 가장 좋아하는 음식은 무엇입니까?)
   Can you cook it?
   (당신은 그것을 요리할 수 있습니까?)

3. Do you like Western food? (당신은 서양 음식을 좋아합니까?)
   If so, which? (좋아한다면, 어느 음식을 좋아합니까?)

4. Do you drink coffee after a meal?
   (당신은 식사 후에 커피를 마십니까?)
   If not, which drink?
   (만약 커피를 마시지 않는다면 어느 음료를 마십니까?)

5. How many cups of coffee do you drink a day?
   (하루에 몇 잔의 커피를 마십니까?)

---

enough 충분한 favorite 가장 좋아하는 Western 서양의 which 어떤 meal 식사 a day 하루에 a cup of 한 잔의 how many 얼마나 많은

Q&A (2)

1. (1) Yes, it's enough. (예, 충분합니다.)
   (2) No, it's not enough. (아니요, 충분하지 않습니다.)

2. (My favorite food is) Pizza.
   (나의 가장 좋아하는 음식은) 피자입니다.
   No, I can't. (Yes, I can.)
   아니요, 난 할 수 없습니다. (예, 할 수 있습니다.)

3. (1) Yes. (I like Western food.) (예. (난 서양음식을 좋아합니다.))
   Pizza. (Spaghetti/ Hamburgers) 피자요. (스파게티/햄버거)
   (2) No, I like Korean food. (아니요, 난 한국음식을 좋아합니다.)

4. (1) Yes. (I drink coffee after a meal.)
   (예. (난 식사 후 커피를 마십니다.))
   (2) No. I drink green tea. (아니요. 난 녹차를 마십니다.)

5. I drink 3 cups of coffee a day. (난 하루에 3잔의 커피를 마십니다.)

---

spaghetti 스파게티 Korean 한국의 green tea 녹차

Sleep

Q & A (1)

1. How many hours do you sleep?
   (당신은 몇 시간의 수면을 취합니까?)

2. Are you okay with three or four hours' sleep?
   (당신은 3시간이나 4시간의 수면만으로 괜찮습니까?)

3. If your wife snores, what do you do?
   (당신의 아내가 코를 곤다면 당신은 어떻게 합니까?)

4. Do you need an alarm clock to get up in the morning?
   (당신은 아침에 일어나기 위해 알람이 필요합니까?)

5. Do you like to sleep in a bed or on the floor?
   (당신은 바닥 또는 침대 중 어디서 자고 싶습니까?)

---

sleep 잠/자다 hour 시간 with ~와 함께 snore 코 골다 need 필요로 하다
alarm clock 알람시계 floor 마루

Q&A (1)

1. I sleep for six hours.
   (나는 여섯 시간을 잡니다.)

2. (1) Yes, I'm okay. (예, 괜찮습니다.)
   (2) No, I'm not okay. (아니요, 괜찮지 않습니다.)

3. (1) I sleep in another room. (나는 다른 방에서 잡니다.)
   (2) I turn around. (나는 돌아눕습니다.)

4. (1) Yes, I need it. (예, 필요합니다.)
   (2) No, I don't need it. (아니요, 필요 없습니다.)

5. I like to sleep in a bed.(on the floor)
   (나는 침대에서 자고 싶습니다.(바닥에서))

for (시간) ~동안 another 다른 turn around (몸을) 돌리다

Sleep

$Q \& A (2)$

1. Do you try to interpret your dreams?
   (당신은 꿈을 풀이하려고 시도합니까?)

2. Do you think you're lucky when you see a pig in your dreams?(당신이 꿈에서 돼지를 볼 때, 운이 좋다고 생각합니까?)
   If so, do you buy a lottery?(그렇다면, 당신은 복권을 삽니까?)

3. Do you enjoy a nap during the daytime?
   (당신은 낮에 선잠 자는 걸 즐깁니까?)

4. Do you think sleep helps relieve your stress?
   (당신은 잠이 스트레스 해소에 도움이 된다고 생각합니까?)

5. Is it okay to work at night?
   (밤에 일하는 거 괜찮습니까?)

---

interpret 해석하다 dream 꿈 lucky 행운의 when ~할 때 see 보다 pig 돼지 lottery 복권 buy 사다 enjoy 즐기다 nap 낮잠 during ~동안 daytime 낮 help 돕다 relieve (스트레스를) 덜어주다 stress 스트레스 at night 밤에

# Q&A (2)

1. (1) Yes, I do. (예.)
   (2) No, I don't. (아니요.)

2. (1) Yes, I do. Sometimes, I buy a lottery.
       (I don't buy a lottery.)
       (예, 가끔 복권을 삽니다. (사지 않습니다.))
   (2) No, I don't. (아니요.)

3. (1) Yes, I enjoy it. (예, 전 선잠을 즐깁니다.)
   (2) No, I don't enjoy it. (아니요, 전 선잠을 즐기지 않습니다.)

4. (1) Yes, I do. (예.)
   (2) No, I don't. (아니요.)

5. (1) Yes, it's okay. (예, 괜찮아요.)
   (2) No, it's not okay. (아니요, 괜찮지 않아요.)

sometimes 때때로

Vacation

Q&A (1)

1. How much vacation do you get every year?
   (당신은 매년 휴가를 얼마나 갑니까?)
   How many days?
   (며칠 정도?)

2. Where do you want to go the most?
   (당신은 어디를 가장 가고 싶나요?)

3. In summer, which place do you prefer, mountains or sea?
   (여름에, 산이나 바다 중 어디를 더 가고 싶나요?)

4. What do you think about visiting sea in winter?
   (당신은 겨울에 바다를 가는 것에 대해 어떻게 생각합니까?)

5. What is the best season for a vacation?
   (휴가로 가장 좋은 계절이 무엇입니까?)

---

vacation 휴가 get 얻다 every year 매년 the most 가장 place 장소
prefer 더 좋아하다 visit 방문하다 the best 최고의 season 계절

Q&A (1)

1. (1) About one week. (한 주 정도요.)
   (2) Three or four days. (3일이나 4일이요.)

2. (I want to go to) Jeju Island (the most).
   (난 제주도를 가장 가고 싶어요.)

3. I prefer mountains(sea). (난 산(바다)을 더 가고 싶어요.)

4. (1) It's cold. (추워요.)
   (2) It's romantic. (낭만적이에요.)

5. Summer / Fall. (여름이요 / 가을이요.)

about 약 or 또는 cold 추운 romantic 낭만적인
summer 여름 fall 가을

Vacation

Q&A(2)

1. When you go on a vacation trip, do you drive your car or use public transportation like buses or trains?
   (당신이 휴가를 갈 때, 승용차를 이용하나요? 또는 버스와 기차 같은 대중 교통을 이용하나요?)

2. Which country do you want to travel?
   (당신은 어느 나라를 여행하고 싶나요?)

3. Describe your ideal vacation.
   (당신의 이상적인 휴가를 설명해보세요.)

4. If you get more salary, can you give up your vacation?
   (당신이 봉급을 더 받게 된다면, 당신은 휴가를 포기할 수 있나요?)

5. Describe your usual weekend.
   (당신의 일반적인 주말을 설명해보세요.)

---

go on a vacation trip 휴가(여행)를 가다 public transportation 대중 교통 수단 like ~같은 country 나라 travel 여행하다 describe 묘사하다 ideal 이상적인 more 더 많은 salary 월급 give up 포기하다 usual 보통의

Q&A (2)

1. (1) I drive my car. (난 내 차를 운전해서 갑니다.)
   (2) I use public transportation. (난 대중교통을 이용합니다.)

2. (I want to travel to) America. (난 미국을 여행하고 싶어요.)

3. I want to lie down in the sunlight.
   (난 햇볕 아래서 누워있고 싶어요.)

4. (1) Yes, I can give up my vacation.
       (예, 난 휴가를 포기할 수 있어요.)
   (2) No, I can't give up my vacation.
       (아니요, 난 휴가를 포기할 수 없어요.)

5. (1) I watch TV at home. (난 집에서 TV를 봅니다.)
   (2) I take a rest at home. (난 집에서 쉽니다.)
   (3) I spend time with my family. (난 가족과 함께 지냅니다.)

---

to (방향) ~로 America 미국 lie down 눕다 sunlight 햇빛 at home 집에서 take a rest 휴식을 취하다 spend (시간, 돈) 소비하다, 보내다

TV & Movies

Q&A (1)

1. What programs do you usually watch on TV?
   (당신은 보통 어떤 TV 프로그램을 보나요?)

2. How many hours a day do you watch TV?
   (당신은 하루에 TV를 몇 시간이나 보나요?)

3. Do your children watch TV a lot? How much?
   (당신의 아이들은 TV를 많이 보나요? 얼마나 보나요?)

4. Who has the most power over channel choice in your family?
   (당신 가족 중 채널 선택권 행사에 가장 영향력 있는 사람은 누구죠?)

5. Do you think watching TV can be educational?
   (당신은 TV 시청이 교육적일 수 있다고 생각하나요?)

---

program 프로그램 usually 보통 on TV TV에서 children 아이들 a lot 많이
How much 얼마나 많이 the most 가장 많은 power 힘 channel 채널
choice 선택 can 할 수 있다 educational 교육적인

Q&A (1)

Step 1

1. I usually watch "Muhandojeon" / a game show / a news program. (난 보통 무한도전을 봅니다. / 쇼프로그램 / 뉴스채널)

2. I watch TV for two hours.
   (난 두 시간 정도 봅니다.)

3. (1) Yes, they watch TV for four hours a day.
      (예, 하루에 4시간 정도 봅니다.)
   (2) No, they watch TV for two hours a week.
      (아니요, 일주일에 2시간 정도 봅니다.)

4. Me / My wife(husband) / My children.
   (나요 / 제 아내요(남편이요) / 아이들이요)

5. (1) Yes, it can be educational. (Especially, EBS)
      (예, 교육적일 수 있죠. (특히, 교육방송채널이요.)
   (2) No, it can't be educational.(아니요, 교육적일 수 없어요.)

---

game show 게임 쇼 news program 뉴스 프로그램 they 그들은
husband 남편 wife 아내 especially 특히

5minutes! for 30 days

TV & Movies

Q&A(2)

1. How often do you go to the movie theater?
   (당신은 얼마나 자주 극장에 갑니까?)

2. What kind of movies do you like?
   (당신은 어떤 종류의 영화를 좋아하나요?)
   Science fiction? (공상과학영화?) Comedies? (코미디?)
   Dramas? (드라마?) Horror? (공포영화?) Crime? (범죄스릴러?)
   Adventure? (모험영화?)

3. What do you think about Korean movies?
   (당신은 한국영화에 대해 어떻게 생각하나요?)

4. What was the most impressive movie you've ever seen?
   (당신이 본 것 중 가장 인상적인 영화는 뭐죠?)

5. Who's your favorite movie star?
   (당신이 가장 좋아하는 영화배우는 누구죠?)

How often 얼마나 자주 movie theater 극장 kind 종류 adventure 모험
science fiction 공상과학 comedy 코미디 drama 드라마 horror 공포
crime 범죄 What do you think about~? ~에 관해 어떻게 생각하십니까?
impressive 인상적인 favorite 가장 좋아하는 movie star 영화배우

Q&A (2)

1. I go there once a week/a month/a year.
   (난 일주일에 한 번 갑니다./한 달에/일 년에)

2. I like science fiction movies(comedies/dramas/horror movies/crime movies/adventure movies).
   (난 공상과학 영화(코미디/드라마/공포/범죄/모험영화)를 좋아해요.)

3. These days, it's developing.
   (요즘, 발전하고 있어요.)

4. Sound of Music.
   (사운드 오브 뮤직이요.)

5. John Wayne.
   (존 웨인이요.)

> there 거기 a week 한 주에 a month 한 달에 a year 일 년에
> these days 요즈음 develop 발전하다

Chapter 05 Friends

Q&A (1)

1. Do you have many friends?
   (당신은 많은 친구들을 가지고 있습니까?)

2. Who is your best friend?
   (누가 당신의 제일 친한 친구입니까?)

3. What do you like to do with your friends?
   (당신은 당신의 친구들과 무엇을 하는 것을 좋아합니까?)

4. What do you talk about with your friends?
   (당신은 당신의 친구들과 무엇에 관하여 이야기합니까?)

5. Where did you first meet your friends?
   (당신은 당신의 친구들과 어디서 처음 만났습니까?)

---

best 최고의 with ~와 함께 talk about ~에 관하여 말하다 first 처음

Q&A (1) *Step 1*

1. (1) Yes, I have many friends. (예, 많은 친구가 있어요.)
   (2) I have a few friends. (난 몇 명의 친구가 있어요.)

2. Minsu. (민수요.)

3. (1) I like to go to the movies with my friends.
   (난 내 친구들과 영화 보러 가고 싶어요.)
   (2) I like to talk with my friends.
   (난 내 친구들과 이야기하고 싶어요.)
   (3) I like to drink with my friends.
   (난 내 친구들과 술을 마시고 싶어요.)

4. We talk about people / jobs / future / children / men / women.
   (우리는 사람들(직업 / 미래 / 아이들 / 남성 / 여성)에 관해 이야기합니다.)

5. In the kindergarten / elementary school.
   (유치원에서 / 초등학교에서)

---

many 많은 a few 몇몇의 drink 술 마시다 people 사람들 job 직업 men 남자 women 여자 kindergarten 유치원 elementary school 초등학교

Friends

Q&A(2)

1. Are your friends in your same age group?
   (당신의 친구들은 당신과 같은 나이입니까?)

2. Do you spend a lot of time talking to your friends on the phone?
   (당신은 전화로 당신의 친구들과 이야기하는데 많은 시간을 보냅니까?)

3. Do you think you are a good friend?
   (당신은 당신이 좋은 친구라고 생각합니까?)

4. Have you ever lost a friend?
   (당신은 이제껏 친구를 잃으신 적이 있습니까?)

5. Do you tell your friends everything?
   (당신은 당신의 친구들에게 모든 것을 말합니까?)

---

same 같은 age 나이 spend 소비하다 a lot of 많은 on the phone 전화상에서 lost (lose의 과거) 잃었다 ever 이제껏 everything 모든 것

Q&A (2)

1. (1) Yes, we are in the same age group.
    (예, 우리는 같은 또래입니다.)
   (2) No, some friends are older(younger) than me.
    (아니요, 어떤 친구들은 나보다 더 나이가 많아요(어려요).)

2. (1) Yes, I do. (예.)
   (2) No, I don't. (아니요.)

3. (1) Yes, in some ways. (예, 어떤 면에서는요.)
   (2) Not really. (꼭 그렇지는 않아요.)

4. (1) Yes, I have. (예.)
   (2) No, I haven't. (아니요.)

5. (1) Yes, I do. (예.)
   (2) No, I don't. (아니요.)

some 몇몇의 older 더 나이가 많은 younger 더 어린 than ~보다
in some ways 어떤 면에서는 not really 꼭 그렇진 않아

Chapter 06 Health

Q & A (1)

1. Do you think you are healthy?
   (당신은 스스로가 건강하다고 생각하나요?)

2. Do you eat three meals a day?
   (당신은 하루에 3끼를 먹나요?)

3. Do you take vitamins every day?
   (당신은 매일 비타민제를 복용하나요?)
   Do you think they help your health?
   (당신은 비타민제가 건강에 도움이 된다고 생각하나요?)

4. Do you exercise? How often?
   (당신은 운동을 하나요? 얼마나 자주 하나요?)

5. Have you ever been hospitalized? Why?
   (당신은 입원한 적이 있나요? 왜요?)

---

health 건강 healthy 건강한 take 섭취하다 vitamin 비타민 help 돕다 exercise 운동하다, 연습하다 be hospitalized 입원하다(hospitalize 입원시키다)

Q & A (1)

1. (1) Yes, I think I'm healthy. (예, 난 내가 건강하다고 생각해요.)
   (2) No, I don't think I'm healthy.
   (아니요. 난 내가 건강하다고 생각하지 않아요.)

2. (1) Yes, I eat three meals a day. (예, 하루 3끼를 먹어요.)
   (2) No, I eat two meals a day. I skip breakfast.
   (아뇨, 하루 2끼를 먹어요. 난 아침을 거르거든요.)

3. (1) Yes, I take vitamins every day. (예, 난 매일 비타민을 복용해요.)
   I think they help my health.
   (난 비타민이 내 건강에 도움이 된다고 생각해요.)
   (2) No, I don't take vitamins. (아뇨, 난 비타민을 복용하지 않아요.)

4. (1) Yes, I exercise. (예, 난 운동을 해요.)
   I exercise three times a week. (난 일주일에 3번 운동해요.)
   (2) No, I don't exercise. (아뇨, 난 운동을 하지 않아요.)

5. (1) Yes, I have. (예.)
   I had some problem for my legs. (난 다리에 문제가 있어서 입원했어요.)
   (2) No, I haven't. (아뇨.)

---

skip 빼먹다 three times 세 번
I had some problem in ~에 문제가 있었다. leg 다리

Health

Q&$A(2)$

1. Do you regularly see a dentist? Why?
   (당신은 정기적으로 치과의사의 진료를 받나요? 왜죠?)

2. When you have a cold, do you see a doctor or just take a rest?
   (당신이 감기에 걸릴 때, 병원에 가나요 아니면 그냥 쉬나요?)

3. What diseases are you the most afraid of?
   (당신이 가장 두려워하는 질병이 뭐죠?)

4. What do you do when you're under stress?
   (당신은 스트레스를 받을 때 무얼 하나요?)

5. Have you ever suffered from insomnia?
   (당신은 불면증으로 고생한 적이 있나요?)
   Have you ever taken sleeping pills?
   (당신은 수면제를 복용한 적이 있나요?)

---

regularly 규칙적으로 dentist 치과의사 have a cold 감기에 걸리다
disease 질병 just 단지 be afraid of 두렵다 under stress 스트레스를 받는
suffer from ~로 고통받다 insomnia 불면증 take (약) 복용하다
sleeping pill 수면제

Q&A (2)

1. (1) Yes, to check my teeth condition.
   (예, 치아상태를 확인하려고요.)
   (2) No, I don't. (아니요.)

2. (1) I see a doctor. (병원에 갑니다.)
   (2) I just take a rest. (그냥 쉽니다.)

3. Cancer. (암이요.)

4. (1) I just sleep. (난 그냥 잡니다.)
   (2) I go shopping. (난 쇼핑을 합니다.)
   (3) I listen to music. (난 음악을 듣습니다.)

5. (1) Yes, I have. (예.)
   I took sleeping pills once. (수면제를 복용했었어요.)
   (2) No, I haven't. (아뇨. 그런 적 없어요.)

---

check 확인하다 teeth 이 condition 상태 cancer 암 go shopping 쇼핑하러 가다 listen to ~을 듣다 took (take의 과거) 복용했다 once 한번

Chapter 07 Family

Q & A (1)

1. How many members are there in your family?
   (당신의 가족 구성원은 몇 명인가요?)

2. Who is the youngest? Who is the oldest?
   (누가 가장 어리죠? 누가 가장 나이가 많나요?)

3. Who is the boss in your house?
   (누가 당신 집의 가장입니까?)

4. Who do you take after, your mother or father?
   (누가 당신의 어머니와 아버지를 닮았나요?)

5. Are your parents Christian, Buddhist, Muslim?
   (당신의 부모님은 기독교인가요, 불교인가요, 이슬람인가요?)

---

member 구성원 there are 있다 the youngest 가장 어린
the oldest 가장 나이가 많은 boss 우두머리 take after 닮다 parent 부모
Christian 기독교인 Buddhist 불교도인 Muslim 이슬람교인

Q&A (1)

1. Four. My father, my mother, my sister and me.
   (4명이요. 아버지, 어머니, 여자형제와 나요.)

2. Me / My brother / My sister.
   (나요 / 내 남자형제요 / 내 여자형제요.)

3. Me / My wife / My husband.
   (나요 / 내 아내요 / 내 남편이요.)

4. (I take after) my mother/ my father.
   (나는 어머니를 / 아버지를 닮았어요.)

5. They are Christians / Buddhists / Muslims.
   (그들은 기독교 / 불교 / 이슬람교예요.)

Family

Q&$A(2)$

1. What activities do you do with your family?
   (당신의 가족과 무얼 하며 지내나요?)

2. Do you have your own room or do you share a room?
   (당신은 자신만의 방이 있나요 아니면 함께 쓰나요?)

3. Who cooks in your family?
   (누가 가족 중에서 요리를 하죠?)

4. Who should do the dishes, a husband or a wife?
   (남편과 아내 중 누가 설거지를 하나요?)

5. Do you enjoy taking care of your children?
   (당신은 아이들을 돌보는 것을 좋아하나요?)

---

activity 활동 own 자신의 share 공유하다 cook 요리하다
do the dishes 설거지하다 take care of 돌보다

… Q&A (2)

1. I go to the movies with my family.
   (나는 가족과 함께 영화를 보러 갑니다.)

2. (1) I have my own room.
      (나는 나만의 방이 있어요.)
   (2) I share a room with my sister.
      (나는 누이와 함께 방을 씁니다.)

3. My mother / Me.
   (나의 어머니요 / 나요.)

4. A hushand / A wife / Both of them.
   (남편이요 / 아내요 / 둘 다요.)

5. (1) Yes, I do. (예.)
   (2) No, I don't. I feel tired. (아니요, 피곤합니다.)

---

both 둘 다 tired 피곤한

Sports

Q&"A(1)

1. What's your favorite sport?
   (당신이 가장 좋아하는 운동은 무엇입니까?)

2. Do you like to participate or just to watch?
   (당신은 운동에 참여하는 걸 좋아하나요 아니면 단지 보는 걸 좋아하나요?)

3. Which one do you prefer, outdoor activities or indoor activities?
   (당신은 실외 활동과 실내 활동 중 어느 것을 좋아합니까?)

4. Where are some good places to go hiking?
   (산행하기 좋은 몇몇 장소가 어디죠?)

5. Do you like martial arts?
   (당신은 무술을 좋아하나요?)

---

favorite 가장 좋아하는 participate 참가하다 watch 보다 which one 어떤 것 outdoor 실외의 indoor 실내의 go hiking 등산가다 martial arts 무술

Q&A (1) Step 1

1. (My favorite sport is) Soccer.
   (축구를 가장 좋아합니다.)

2. (1) I like to participate. (참여하는 걸 좋아해요.)
   (2) I like to watch. (보는 걸 좋아해요.)

3. (1) I prefer outdoor activities. (실외 활동이 좋아요.)
   (2) I prefer indoor activities. (실내 활동이 좋아요.)

4. Bukhan Mountain. (북한산이요.)

5. Yes, I like Taekwondo. (예, 태권도를 좋아해요.)

soccer 축구 Taekwondo 태권도

Sports

Q&A(2)

1. Are there any sports that women can play better than men?
   (여자가 남자보다 더 잘할 수 있는 운동종목이 있나요?)

2. What sports are too violent or dangerous?
   (너무 폭력적이거나 위험한 운동종목은 뭐죠?)

3. Do you think that professional athletes make too much money?
   (당신은 프로 선수가 너무 많은 돈을 번다고 생각해요?)

4. Where is a good place to ride a bicycle in Seoul?
   (서울에서 자전거를 탈만한 좋은 곳이 어디죠?)

5. When you play cards, do you usually win or lose money?
   (당신은 카드게임을 할 때, 보통 돈을 따나요 아니면 잃나요?)

---

play (운동경기를) 하다 better (well의 비교급) 더 잘 violent 폭력적인
dangerous 위험한 professional 전문적인 athlete 운동선수
make money 돈을 벌다 too much 너무나 많은 ride a bicycle 자전거를 타다
play cards 카드놀이를 하다 win 이기다 lose 지다

… Q&A (2)

1. Yes, figure skating.
   (예, 피겨 스케이트요.)

2. Boxing.
   (복싱이요.)

3. (1) Yes, I think they make too much money.
      (예, 난 그들이 돈은 너무 많이 번다고 생각해요.)
   (2) No, they deserve it.
      (아니요, 그들은 그럴만한 자격이 있어요.)

4. Yeoeuido Park.
   (여의도 공원이요.)

5. (1) I usually win money. (난 보통 돈은 땁니다.)
   (2) I usually lose money. (난 보통 돈은 잃어요.)

figure skating 피겨 스케이팅 boxing 권투 deserve 누릴 자격이 있다

Weather

Q&$A(1)$

1. What's the weather like today?
   (오늘 날씨 어때요?)

2. What was the weather like yesterday?
   (어제 날씨 어땠나요?)

3. What is the weather forecast for tomorrow?
   (내일 기상예보 내용이 뭐죠?)

4. What is your favorite season?
   (가장 좋아하는 계절이 뭐예요?)

5. What do you do to stay cool in summer?
   (여름에 당신은 시원함을 유지하고자 뭘 하나요?)

What~like? (=how) 어떠니? today 오늘 yesterday 어제 tomorrow 내일 weather forecast 일기 예보 season 계절 stay 머무르다 cool 시원한 summer 여름

Q & A (1) — Step 1

1. It's fine / rainy / snowy / windy.
   (날씨가 좋아요 / 비가 와요 / 눈이 와요 / 바람이 불어요.)

2. It was fine.
   (좋았어요.)

3. It will be fine.
   (좋을 거래요.)

4. Spring / Summer / Fall / Winter.
   (봄이요 / 여름이요 / 가을이요 / 겨울이요.)

5. I use an air conditioner or a fan.
   (나는 에어컨 또는 선풍기를 사용해요.)

> fine 맑은 rainy 비가 오는 snowy 눈이 오는 windy 바람이 부는 spring 봄
> summer 여름 fall 가을 winter 겨울 use 사용하다 air conditioner 에어컨
> fan 선풍기, 부채

Weather

$Q\&A(2)$

1. When you see fallen leaves, how do you feel?
   (낙엽을 볼 때, 뭘 느끼나요?)

2. Do you play any winter sports?
   (당신은 겨울 스포츠를 하나요?)

3. What kind of weather do you prefer when you go on a vacation?
   (휴가를 갈 때, 어떤 날씨였으면 좋겠어요?)

4. What weather is difficult to drive in?
   (운전하기 어려운 날씨가 뭐죠?)

5. Do you watch the weather forecast on TV or read the weather forecast in the newspaper?
   (당신은 뉴스에서 기상예보를 읽나요 아니면 TV에서 기상예보를 보나요?)

---

fallen leaves 낙엽 go on a vacation 휴가를 가다 drive 운전하다
newspaper 신문

Q&A (2)

1. (1) I feel depressed. (우울합니다.)
   (2) I think it's romantic. (낭만적이라고 생각해요.)

2. I ski / skate. (스키요 / 스케이트요.)

3. I prefer fine weather. (나는 화창한 날씨가 좋아요.)

4. Rainy weather. (비 오는 날씨요.)

5. (1) I watch the weather forecast on TV.
   (나는 TV에서 기상 예보를 봅니다.)
   (2) I read the weather forecast in the newspaper.
   (나는 뉴스에서 기상 예보를 읽습니다.)

---

depressed 우울한 romantic 낭만적인 ski 스키 타다 skate 스케이트 타다

Chapter 10 Stress

Q & A (1)

1. When do you get stress the most?
   (당신은 언제 가장 스트레스를 받나요?)

2. How do you relieve your stress?
   (당신은 스트레스를 풀기 위해 어떻게 합니까?)

3. What causes you stress the most?
   (무엇이 가장 당신에게 스트레스를 주나요?)

4. When do you feel peaceful?
   (당신은 언제 평안함을 느끼죠?)

5. Can we live without stress?
   (우리는 스트레스 없이 살 수 있나요?)

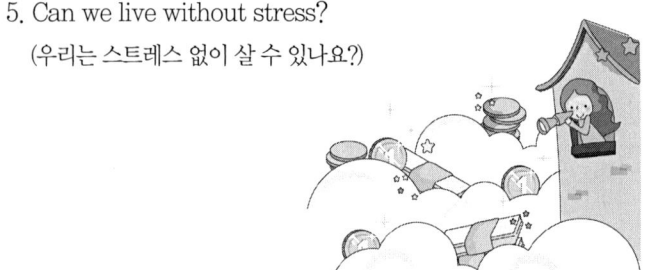

> stress 스트레스 get 얻다 the most 가장 많이 relieve stress 스트레스를 풀다
> cause 야기하다 peaceful 평화로운 without ~없이

Q&A (1)

1. When I work(study).
   (일(공부)을 할 때요.)

2. (1) I just sleep. (그냥 자요.)
   (2) I go shopping. (쇼핑을 해요.)
   (3) I listen to music. (음악을 들어요.)

3. My work / My study / Money / Promotion.
   (나의 일 / 나의 학업 / 돈 / 승진)

4. (1) When I am at home. (내가 집에 있을 때요.)
   (2) When I sleep. (내가 잠을 잘 때요.)

5. No, we can't live without stress. C'est la vie.
   (아니요, 우리가 스트레스 없이 산다는 건 불가능해요. 그게 인생이에요.)

---

when ~할 때 work 일/ 일하다 study 공부/ 공부하다 promotion 승진
at home 집에 C'est la vie 그것이 인생이다(미국인들이 많이 쓰는 불어표현)

Chapter 11 Love

Q&$A(2)$

1. When was your first love?
   (언제가 당신의 첫사랑이었나요?)

2. Do you think love is more important than friendship?
   (당신은 우정보다 사랑이 더 중요하다고 생각하나요?)

3. What's your ideal type?
   (당신의 이상형은요?)

4. When do you want to marry?
   (언제 결혼할 건가요?)

5. Can you give up your career for your love?
   (당신은 사랑을 위해 일을 포기할 수 있나요?)

---

first love 첫사랑 more important 더 중요한 friendship 우정
ideal type 이상형 marry 결혼하다 want to ~하기를 원하다 career 경력

… Q&A (2)

1. When I was a middle school student.
   (내가 중학교 시절이었어요.)

2. (1) I think love is more important than friendship.
   (난 사랑이 우정보다 더 중요하다고 생각해요.)
   (2) I think friendship is more important than love.
   (난 사랑보다 우정이 더 중요하다고 생각해요.)

3. (1) I want a romantic man. (난 낭만적인 사람을 원해요.)
   (2) I want a beautiful woman. (난 아름다운 여자를 원해요.)

4. I want to marry at 24.
   (난 24살에 결혼하고 싶어요.)

5. (1) Yes, I can. (예.)
   (2) No, I can't. (아니요.)

---

middle school student 중학생 romantic 낭만적인 beautiful 아름다운

Studying English

Q&A (1)

1. Why do you want to study English?
   (당신은 왜 영어공부를 하고 싶나요?)

2. What is the most difficult when you study English?
   (영어 공부를 할 때 가장 어려운 점이 무엇인가요?)

3. What do you do to study English?
   (영어공부를 하기 위해 무얼 하나요?)

4. How long have you studied English?
   (얼마나 오랫동안 영어를 공부해왔나요?)

5. What other languages do you want to study later?
   (당신은 나중에 어떤 다른 언어를 공부하고 싶나요?)

---

the most difficult 가장 어려운 how long 얼마나 오랫동안 studied (study 의 과거분사) 공부했다 other 다른 language 언어 later 나중에

Q&A (1)

1. (1) To develop myself. (저 자신을 발전시키려고요.)
   (2) To use English at work. (업무에서 영어를 사용하려고요.)
   (3) To travel abroad. (외국으로 여행을 가려고요.)

2. English Grammar / Pronunciation / Listening.
   (영어 문법이요 / 발음이요 / 듣기요.)

3. (1) I watch American movies and dramas.
   (난 미국영화와 드라마를 봐요.)
   (2) I go to an English institute. (난 영어학원에 가요.)
   (3) I listen to English CD every day. (난 매일 영어CD를 들어요.)

4. I have studied English for two months.
   (난 2달간 영어를 공부해왔어요.)

5. I want to study Japanese / Chinese later.
   (난 나중에 일본어 / 중국어를 공부하고 싶어요.)

---

develop 계발하다 myself 나 자신 at work 직장에서 abroad 외국으로 grammar 문법 pronunciation 발음 listening 듣기 institute 학원 Japanese 일본어 Chinese 중국어

Hobbies

Q & A (1)

1. What's your favorite hobby?
   (당신이 가장 좋아하는 취미는요?)

2. What's your least favorite hobby?
   (당신이 가장 싫어하는 취미는요?)

3. How often do you enjoy your hobby?
   (당신은 얼마나 자주 취미활동을 하나요?)

4. What kind of hobby are you going to try soon?
   (당신은 어떤 종류의 취미를 시도할 건가요?)

5. Do you share your hobby with your family?
   (당신은 가족과 함께 취미생활을 공유하나요?)

---

hobby 취미 favorite 가장 좋아하는 least favorite 가장 싫어하는
How often 얼마나 자주 what kind of 어떤 종류의 try 시도하다
soon 곧 share 공유하다

Q&A (1)

1. Watching movies / Reading books.
   (영화를 보는 것이요 / 독서를 하는 것이요.)

2. Going hiking.
   (산행을 가는 것이요.)

3. (I enjoy my hobby) once a week.
   (일주일에 한번 취미생활을 해요.)

4. Going fishing.
   (낚시를 가는 것이요.)

5. (1) Yes, I enjoy my hobby with my family.
      (예, 나는 가족과 함께 취미생활을 즐겨요.)
   (2) No, I don't share it with my family.
      (아니요, 난 가족과 함께 공유하지 않아요.)

---

go hiking 등산가다 go fishing 낚시하다

Chapter 14 Jobs

Q & A (2)

1. What's your job?
   (당신의 직업은 무엇이죠?)

2. Are you satisfied with your job?
   (당신은 당신의 직업에 만족하나요?)

3. What do you consider the most when you get a job?
   (당신이 취업 시 가장 고려하는 것이 무엇이죠?)

4. If you get a lot of salary, do you want to work at night?
   (당신이 많은 봉급을 받는다면 야근을 해도 괜찮나요?)

5. When do you want to give up your job?
   (언제 직장을 그만 두고 싶나요?)

be satisfied with ~에 만족하다 consider 고려하다 get 얻다 a lot of 많은

Q&A (2)

1. (1) I'm a student. (학생이에요.)
   (2) I work in an office. (사무직이에요.)
   (3) I'm a housewife. (주부예요.)

2. (1) Yes, I am. (예.)
   (2) No, I'm not. I want to change my job.
   (아뇨. 난 직업을 바꾸고 싶어요.)

3. I consider money(promising future).
   (난 돈(비전)을 고려해요.)

4. (1) Yes, I do. (예.)
   (2) No, I don't. (아니요.)

5. (1) When I get too much stress from work.
   (내가 직장에서 스트레스를 너무 많이 받을 때.)
   (2) When I have some problem in the relation with other people.
   (내가 다른 사람과의 관계에서 문제가 있을 때.)

---

office 사무실 housewife 주부 change 바꾸다 promising 전도유망한 relation 관계 other 다른 people 사람들

Good Habits & Bad Habits

Q&A (1)

1. What's your good habit?
   (당신의 좋은 습관은 뭐죠?)

2. What's your bad habit?
   (당신의 나쁜 습관은 뭐죠?)

3. What kind of habit do you want to stop?
   (당신은 어떤 종류의 습관을 멈추고 싶나요?)

4. What kind of habit do you want your children to have?
   (당신은 아이들이 어떤 습관 갖기를 원하나요?)

5. What kind of habit do you want your children not to have?
   (당신은 아이들이 어떤 습관을 갖지 않길 원하나요?)

habit 습관 stop 멈추다

Q&A (1)

1. Exercising.
   (운동하는 것이요.)

2. Shopping.
   (쇼핑하는 것이요.)

3. Biting nails.
   (손톱을 물어뜯는 거요.)

4. Reading books.
   (책을 읽는 거요.)

5. Watching TV.
   (TV를 시청하는 거요.)

> exercise 운동하다 shop 쇼핑하다 bite nails 손톱을 물다

중급편

5minutes! for 30 days

Step 2

Cars

Q&A (1)

1. Do you usually fill up when you go to the gas station?
   (당신은 보통 주유소에 갈 때 기름을 가득 채우나요?)

2. If the gas price goes up 5% tomorrow, would you fill up today?
   (만약 내일 휘발유 값이 5% 오른다면, 오늘 가득 채울래요?)

3. In your opinion, who should wash your family car?
   (당신 의견에 비추어보아서 누가 당신네 가족의 차를 세차하나요?)

4. How often do you wash your car?
   (당신은 얼마나 종종 차를 세차하나요?)

5. Do you wash your car for yourself or do you take your car to a car wash?
   (당신은 당신이 직접 세차하나요 아니면 세차장으로 가져가나요?)

---

fill up 채우다 gas station 주유소 go up 오르다 tomorrow 내일
would ~할 것이다(가정법) in your opinion 네 생각에 (opinion 의견)
should ~해야 한다 wash 씻다 for yourself 혼자 힘으로 car wash 세차장

Q&A (1)

1. (1) Yes, I do. (예.)
   (2) No, I don't. (아니요.)

2. (1) Yes, I would. (예.)
   (2) No, I wouldn't. (아니요.)

3. Me. (나요)

4. (I wash my car) once a week.
   (난 일주일에 한 번 세차합니다.)

5. (1) I wash my car for myself. (내가 직접 세차합니다.)
   (2) I take my car to a car wash. (내가 세차장으로 가져갑니다.)

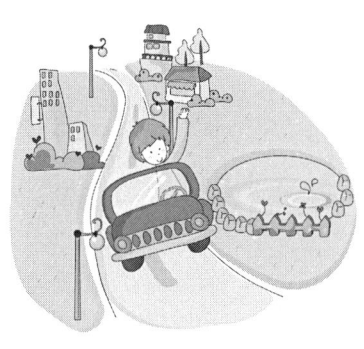

Chapter 16 Cars

Q&A (2)

1. When did you get your driver's license?
   (당신은 언제 운전면허증을 취득했나요?)
   Was it difficult? (어려웠나요?)

2. How did you feel when you drove on the road for the first time? (당신이 처음 도로주행을 했을 때 느낌이 어땠나요?)

3. How long did you practice before you drove on the road?
   (당신은 도로주행하기 전에 얼마나 연습했나요?)

4. When you buy a car, what do you consider the most?
   (당신은 차를 살 때, 무얼 가장 고려하나요?)
   Design, price, brand, fuel efficiency or color?
   (디자인, 가격, 상표, 연비효율 또는 색?)

5. What is good to buy a used car?
   (중고차를 사는 게 뭐가 좋나요?)

---

driver's license 운전면허증 difficult 어려운 how 어떻게 drove (drive의 과거) 운전했다 on the road 길 위에서 for the first time 처음으로 How lond 얼마나 오랫동안 practice 연습하다 before ~전에 consider 고려하다 design 디자인 price 가격 brand 유명 상표(메이커) fuel efficiency 연료 효율성 used car 중고차

Q&A (2)

1. (1) Four years ago. (4년 전에요.)
   It was difficult. (어려웠어요.)
   (2) When I was twenty. (내 20살 때요.)

2. (1) I was very nervous. (정말 초조했어요.)
   (2) I was okay. (괜찮았어요.)

3. For two months. (2달 동안이요.)

4. (I consider) price (the most). (가격이 제일 중요하다고 생각해요.)

5. It's cheap. (싸다는 점이요.)

ago ~전에 twenty 20 very 매우 nervous 긴장되는 okay 괜찮은 cheap 싼

Life Style

Q&'A(1)

1. Do you have any religion?
   (당신의 종교는 무엇입니까?)

2. What do you do in your free time?
   (당신은 자유시간에 무얼 하나요?)

3. Do you enjoy singing?
   (당신은 노래 부르는 걸 즐기나요?)

4. Have you ever done any volunteer work?
   (당신은 자원봉사를 한 적이 있나요?)

5. Are you usually on time for appointments?
   (당신은 보통 약속시간 정각에 가나요?)

---

life style 생활 방식 any 어떤 religion 종교 free time 여가 시간
enjoy 즐기다 done (do의 과거분사) 했다 volunteer 자원봉사 usually 보통
on time 정각에 appointment 약속

Q&A (1)

1. (1) I don't have any religion. (난 무종교입니다.)
   (2) I'm a Christian / Buddhist / Muslim.
   (난 기독교/불교/이슬람교입니다.)

2. (1) I watch a movie. (난 영화를 봅니다.)
   (2) I read a book. (난 책을 읽습니다.)
   (3) I exercise. (난 운동을 합니다.)

3. (1) Yes, I enjoy it. (예, 즐깁니다.)
   (2) No, I can't sing well. (아니요, 난 노래를 잘 부를 수 없어요.)

4. (1) Yes, I have. (예.)
   (2) No, I haven't. (아니요, 한 적 없어요.)

5. (1) Yes, I'm always on time. (예, 항상 정각에 가요.)
   (2) No, I'm usually late. (아니요, 보통 늦어요.)

---

well 잘 always 항상 be late 늦다

Chapter 18. Traffic & Transportation

Q&A (1)

1. If you were late for an appointment, would you violate the traffic rules?
   (만약 당신이 약속시간에 늦게 된다면, 교통법규를 위반할 건가요?)

2. What traffic rules do you often break?
   (당신이 자주 어기는 교통법규는 무엇인가요?)

3. How do you feel when you get a speeding ticket?
   (교통위반 벌금표를 받을 때, 어떤 기분이 드세요?)

4. When do you take a taxi?
   (언제 택시를 타나요?)

5. What is your favorite transportation? Why?
   (당신이 가장 선호하는 교통수단은 뭐죠? 이유는요?)

---

traffic 교통 transportation 교통수단 be late for ~에 늦다 would ~할 것이다(가정법) violate 위반하다 traffic rule 교통 규칙 often 자주 break 위반하다 speeding ticket (교통위반) 딱지 take (교통수단을) 타다

Q&A (1)

1. (1) If it is an important appointment, I would violate them.
   (만약 약속이 중요하다면, 어길 거예요.)
   (2) I wouldn't violate them.(난 어기지 않겠어요.)

2. I often break the speed limit.(난 종종 속도위반을 합니다.)

3. (1) I don't feel good (when I get a ticket).(기분이 나쁘죠.)
   (2) I'm angry (when I get a ticket).(화가 나요.)

4. (1) When I'm in a hurry. (바쁠 때요.)
   (2) When I don't know the location well. (내가 위치를 잘 모를 때요.)

5. (1) Cars. My car is the most comfortable place for me.
   (승용차요. 내 차가 가장 편안하거든요.)
   (2) Taxi. It's very convenient.(택시요. 그게 편해요.)

---

important 중요한 wouldn't ~않을 것이다 speed limit 속도 제한
in a hurry 서둘러서 location 위치 the most comfortable 가장 편안한
place 장소 convenient 편리한

Chapter 19 Special Day

Q & A (1)

1. How do you celebrate your birthday?
   (당신의 생일을 어떻게 축하하나요?)

2. What is the perfect gift for a wedding anniversary?
   (결혼기념일 선물로 최고가 뭐죠?)

3. What do you want to do on your next birthday?
   (다음 생일에는 무엇을 하고 싶나요?)

4. What do you like to receive on your special day?
   (특별한 날에 무엇을 받고 싶나요?)

5. What if your wife(husband) forgot your birthday or wedding anniversary?
   (당신의 아내(남편)가 당신의 생일이나 결혼기념일을 잊어버리면 어떻게 하죠?)

---

special 특별한 celebrate 축하하다 perfect 완벽한 gift 선물
wedding 결혼(식) anniversary 기념일 next 다음의 receive 받다
What if 만약~라면 어쩌지? forgot (forget의 과거)

Q&A (1)

1. (1) I celebrate my birthday with my friends / my family.
   (난 내 친구(가족)와 함께 축하합니다.)
   (2) I go to a nice restaurant to eat out.
   (난 좋은 식당에서 외식을 해요.)

2. A ring / necklace.
   (반지요 / 목걸이요.)

3. I want to have a birthday party with my friends.
   (난 내 친구들과 생일파티를 하고 싶어요.)

4. (1) It depends on the situation. (상황에 따라 다르죠.)
   (2) I want to receive flowers. (꽃을 받고 싶어요.)

5. I would be very disappointed. (난 매우 실망할 거예요.)

---

eat out 외식하다 ring 반지 necklace 목걸이 have a birthday party 생일파티를 열다 depend on ~에 달려있다 situation 상황 would (가정법) ~할 것이다 disappointed 실망한

Money

Q&A (1)

1. How does money make you happy?
   (돈이 당신을 어떻게 행복하게 하나요?)

2. How much money do you want to make?
   (당신은 얼마나 돈을 벌고 싶나요?)

3. How powerful is money?
   (돈이란 얼마나 영향력이 있는 건가요?)

4. Do you think money can buy love?
   (당신은 돈으로 사랑을 살 수 있다고 생각해요?)

5. Which one do you prefer, credit cards or cash? Why?
   (신용카드와 현금 중 어느 것을 더 선호하나요? 왜죠?)

> how much 얼마나 많은 make money 돈을 벌다 powerful 강력한 buy 사다
> which one 어떤 것 prefer 더 좋아하다 credit card 신용카드 cash 현금

Q&A (1)

1. I can do what I want with my money.
   (난 돈으로 내가 원하는 걸 할 수 있어요.)

2. (1) I want to make a lot of money. (난 많은 돈을 벌고 싶어요.)
   (2) I want to make enough money. (난 충분한 정도의 돈을 벌고 싶어요.)

3. These days, without money, we can't live well.
   (요즘, 돈 없이 우린 제대로 살 수 없어요.)
   Everything in our lives needs money.
   (우리 삶의 모든 것에 돈이 필요해요.)

4. (1) Yes, sometimes. It depends on their value.
      (예, 가끔요. 그건 그들의 가치에 달렸죠.)
   (2) No, it's impossible. (아니요, 그건 불가능해요.)

5. (1) I prefer credit cards. Because it's very convenient.
      (난 신용카드가 더 좋아요. 왜냐하면 그게 더 편하니까요.)
   (2) I prefer cash. Because I know exactly how much money I spent.
      (난 현금이 좋아요. 왜냐하면 내가 얼마를 썼는지 정확히 알 수 있어요.)

---

what ~것(관계대명사) a lot of 많은 enough 충분한 these days 요즈음 without ~없이 everything 모든 것 lives (life의 복수) need 필요로 하다 sometimes 때때로 their 그들의 value 가치 impossible 불가능한 exactly 정확하게 spent (spend의 과거) 소비했다 how much money 얼마나 많은 돈

Chapter 21 Communication

Q & A (1)

1. Do you have a mobile phone?
   (당신은 휴대폰을 가지고 있나요?)

2. Which one do you prefer, calling or writing letters?
   (전화와 편지작성 중 어느 것을 선호하나요?)

3. How often do you call your parents?
   (당신의 부모님께 얼마나 자주 전화하나요?)

4. How often do you write letters?
   (편지를 얼마나 자주 쓰나요?)

5. Do you use the Internet? (인터넷을 이용하나요?)
   What kind of information do you get from the Internet?
   (당신은 인터넷에서 어떤 정보를 얻나요?)

---

communication 통신 mobile phone 핸드폰 call 전화하다 write letters 편지쓰다 How often 얼마나 자주 parent 부모님 Internet 인터넷 kind 종류 information 정보 get 얻다 from ~로부터

Q&A (1)

1. (1) Yes, I have (a mobile phone). (예, 있어요.)
   (2) No, I don't have it for some time to study.
   (아뇨, 공부하기 위해 얼마동안 사용하지 않아요.)

2. (1) I prefer calling. (난 전화하는 걸 좋아해요.)
   (2) I prefer writing letters. (난 편지 쓰는 걸 좋아해요.)

3. (I call them) once a week. (난 일주일에 한 번은 전화해요.)

4. (1) I write letters once a month. (난 한 달에 한번 편지를 씁니다.)
   (2) I never write letters. (난 절대 편지를 쓰지 않아요.)

5. Yes, sports / news / politics. (예, 스포츠 / 뉴스 / 정치.)

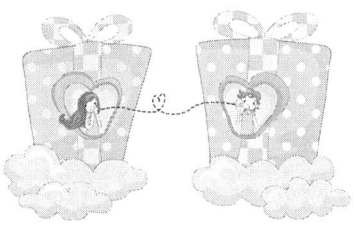

for some time 얼마동안(당분간) politics 정치

Chapter 22 Smoking & Drinking

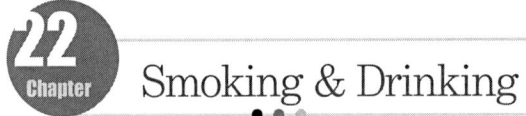
Q&A (1)

1. Do you smoke? (당신은 담배를 피우나요?)
   Have you ever tried to quit smoking?
   (당신은 금연을 시도한 적이 있나요?)

2. How many cigarettes do you smoke a day?
   (하루에 얼마나 담배를 피우나요?)

3. Are you worried about second-hand smoking?
   (간접흡연에 관해 걱정하나요?)

4. Do you drink? (당신은 술을 마시나요?)
   What kind of liquor do you usually drink? Soju or beer?
   (보통 어떤 종류의 술을 마시나요? 소주 아니면 맥주?)

5. How many bottles of Soju can you drink?
   (당신은 소주를 몇 잔 마실 수 있나요?)

---

smoking 흡연 drinking 음주(술마시기) try to ~하려고 시도하다/ 노력하다
quit 그만두다, 끊다 cigarette 담배 a day 하루에
be worried about ~에 관하여 걱정하다 second-hand smoking 간접흡연
liquor 술 Soju 소주 beer 맥주 bottle 병

Q&A (1)

1. (1) Yes, I smoke. (예, 담배를 피웁니다.)
   Yes, I have (tried to quit smoking). (예 시도한 적 있습니다.)
   (2) No, I don't smoke. I hate smoking. (아니요, 담배 안 피워요. 싫거든요.)

2. (I smoke) five cigarettes a day. (난 하루에 5개 정도 피워요.)

3. (1) Yes, I am (worried about second-hand smoking).
   (예, 간접흡연에 관해 걱정합니다.)
   (2) No, I'm not. Smoking is my right.
   (아니요, 흡연은 나의 권리입니다.)

4. (1) Yes, I usually drink Soju / beer.
   (예, 보통 소주 / 맥주를 마십니다.)
   (2) No, I don't drink. (아니요, 마시지 않아요.)

5. (I can drink) 2 bottles of Soju. (난 소주 2잔 정도 마셔요.)

---

hate 싫어하다 right 권리

Chapter 23 Disease

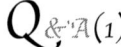

1. Do you often have a cold?
   (당신은 자주 감기에 걸리나요?)

2. How can we prevent a cold?
   (우리는 감기를 어떻게 예방할 수 있나요?)

3. Are you afraid of cancer / AIDS / H1N1?
   (당신은 암 / 에이즈 / 신종플루에 관해 걱정하나요?)

4. Do you have regular checkups?
   (당신은 정기검진을 받나요?)

5. If science develops, can all the diseases disappear on earth?
   (만약 과학이 발전한다면, 모든 질병이 지구상에서 사라질 수 있나요?)

---

disease 질병 often 자주 have a cold 감기에 걸리다 prevent 예방하다
be afraid of ~을 두려워하다 cancer 암 AIDS 에이즈 H1N1 신종플루
have regular checkups 정기 건강검진을 받다 science 과학
develop 발전하다 all 모든 disappear 사라지다 on earth 지구상에서

… Q&A (1)

1. (1) Yes, I often have a cold. (예, 종종 걸립니다.)
   (2) No, I never have a cold. (아니요, 난 절대 안 걸려요.)

2. (1) We should keep our body warm.
   (우린 몸을 따뜻하게 유지해야합니다.)
   (2) We should wear thick clothes. (우린 두꺼운 옷을 입어야합니다.)

3. I'm afraid of cancer / AIDS / H1N1.
   (난 암 / 에이즈 / 신종플루가 두려워요.)

4. (1) Yes, I have regular checkups every year.
   (예, 난 매년 정기검진을 받아요.)
   (2) No, I don't have regular checkups.
   (아니요, 난 정기검진을 받지 않아요.)

5. In my opinion, it's impossible. (제 생각에, 그건 불가능해요.)
   New disease will appear in the future.
   (새 질병이 미래에 나타날 거예요.)

---

keep 유지하다 warm 따뜻한 body 몸 should ~해야 한다 wear 입다
thick 두꺼운 clothes 옷 every year 매년 in my opinion 내 의견으로는
impossible 불가능한 new 새로운 appear 나타나다 in the future 미래에

Marriage & Divorce

1. Are you married or single?
   (당신은 기혼인가요 아니면 미혼인가요?)
   When do you want to marry?
   (당신은 언제 결혼하고 싶나요?)

2. Where do you want to go to for your honeymoon?
   (당신은 신혼여행을 어디로 가고 싶나요?)

3. How many children do you want?
   (당신은 자녀를 몇 명 갖기를 원하나요?)

4. What is the big difference after marriage?
   (결혼 후 큰 차이점은 뭐죠?)

5. If you divorce, who should take care of your children in your opinion?
   (만약 이혼을 한다면 누가 아이를 양육해야 한다고 생각해요?)

---

divorce 이혼(하다) marriage 결혼 marry 결혼하다 married 결혼한
single 미혼의 when 언제 honeymoon 신혼여행 how many 얼마나 많은
difference 차이점 take care of 돌보다

Q&A (1)

1. (1) I'm married. (난 기혼입니다.)
   (2) I'm single. I want to marry at 24.
       (난 혼자예요. 난 24살에 결혼하고 싶어요.)

2. (I want to go to) Europe (for my honeymoon).
   (난 유럽으로 가고 싶어요.)

3. (I want) three (children).
   (난 3명의 아이를 원해요.)

4. Before marriage, I often skipped breakfast.
   (결혼 전에, 난 아침을 종종 걸렀어요.)
   But after marriage, I have breakfast with my wife(husband) every day. (그러나 결혼 후, 난 매일 아내(남편)와 아침을 먹어요.)

5. (1) Me. (I should take care of my children.)
       (나요. 내가 아이들을 돌봐야 해요.)
   (2) My wife(husband) (should take care of my children.)
       (나의 아내(남편)가 아이들을 돌봐야 해요.)

Europe 유럽 before ~전에 after ~후에 skip 건너뛰다(빼 먹다)
breakfast 아침식사 every day 매일

Chapter 25 Retirement

Q&A (1)

1. How long have you worked?
   (당신은 얼마 동안 직장생활을 했나요?)

2. What do you want to do after your retirement?
   (당신은 퇴직 후 무엇을 하고 싶나요?)

3. Will you get a job after your retirement?
   (퇴직 후 직업을 얻을 건가요?)

4. Do you prepare for your life after retirement?
   (당신을 퇴직을 대비해 어떤 생존 대비책을 준비하나요?)

5. Is the Korean retirement program enough for the aged?
   (한국의 노후제도가 노인들에게 충분하다고 보나요?)

---

retirement 퇴직 how long 얼마 오랫동안 get a job 직업을 얻다 prepare for ~을 준비하다 one's life after retirement 은퇴 후의 삶 retirement program 노후 제도 enough 충분한 the aged 노인(=aged people)

Q&A (1)

1. I have worked for 30 years. (30년 간 일을 해왔어요.)

2. (1) After my retirement, I want to travel all over the world.
   (퇴직 후, 난 세계여행을 하고 싶어요.)
   (2) I want to take some rest. (난 좀 쉬고 싶어요.)

3. (1) Yes, I will get a job after my retirement.
   (예, 퇴직 후 직장을 구할 거예요.)
   I want to work more. (난 더 일하고 싶어요.)
   (2) No, I want to take a rest. (아니요, 난 쉬고 싶어요.)

4. (1) Yes, I save money for my life after retirement.
   (예, 난 퇴직 후 삶을 대비해 저축을 하고 있어요.)
   (2) Not really. (꼭 그렇지는 않아요.)

5. Compared to other advanced countries, it's not enough.
   (다른 선진 국가들에 비해, 충분치 않아요.)
   Many aged people have a difficult life after retirement.
   (많은 노인들은 퇴직 후 어려운 삶을 살아요.)

---

for ~동안 travel 여행하다 all over the world 전 세계에 take a rest 휴식을 취하다 more 더 save money 저축하다 not really 꼭 그렇지는 않다.

고급편

5minutes! for 30 days

Step 3

Chapter 26. Parents & Children

Q & A (1)

1. How often do you see your parents?
  (당신은 얼마나 자주 부모님을 찾아뵙나요?)

2. How much pocket money do you give your parents?
  (당신은 부모님께 용돈을 얼마나 드리나요?)
  How much pocket money do they give you?
  (그들이 당신에게 얼마나 용돈을 주나요?)

3. Do you want to live with your parents after marriage?
  (당신은 결혼 후 부모님과 함께 살고 싶나요?)
  Do you think you should take care of your parents when they get old? (당신은 그들이 늙었을 때 당신이 그들을 돌봐야 한다고 생각하나요?)

4. Do you want a boy or a girl for your child?
  (당신은 남자아이를 원해요 아니면 여자아이를 원해요?)

5. If you had two daughters, would you try to have a son?
  (당신이 2명의 딸이 있다면, 아들을 가지고자 노력할 건가요?)

---

parent 부모님 children 아이들 pocket money 용돈 get 얻다
get old 나이가 들다 daughter 딸 son 아들

Q&A (1)

1. (I see them) once a week.
   (일주일에 한 번이요.)

2. (I give them) 300,000 won a month.
   (부모님께 한 달에 30만 원 정도를 줘요.)
   (They give me) 300,000 won a month.
   (부모님이 내게 한 달에 30만 원 정도를 줘요.)

3. Yes, I want to live with my parents after marriage.
   (예, 난 결혼 후 부모님과 함께 살고 싶어요.)
   Yes, I should take care of my parents when they get old.
   (예, 난 그들이 늙었을 때 내가 그들을 돌봐야 해요.)

4. (1) I want a boy / a girl. (난 남자아이 / 여자아이를 원해요.)
   (2) I don't care about gender. (난 성별을 신경 쓰지 않아요.)

5. (1) Yes, I would try to have a son.
       (예, 난 아들을 가지려고 노력할 거예요.)
   (2) No, I don't care about gender.
       (아니요, 난 성별을 신경 안 써요.)

> won (한국의 화폐단위) 원 I don't care about~ 나는 ~에 신경 쓰지 않는다.
> gender 성별

Men & Women

Q&A(1)

1. Are men and women equal in our society?
   (남자와 여자는 우리 사회에서 평등한가요?)

2. Do you think men are stronger than women?
   (당신은 여자보다 남자가 더 세다고 생각해요?)

3. Which one is harder in our society, men's life or women's life? (남성과 여성의 삶 중 우리 사회에서 어느 것이 더 힘들까요?)

4. What do you think about working mother?
   (당신은 일하는 주부에 관해 어떻게 생각해요?)

5. Do you think women are still discriminated in the workplace?(당신은 직장에서 여전히 여성이 차별당한다고 생각해요?)

---

men (man의 복수) 남자들 women (woman의 복수) 여자들 equal 평등한 our 우리의 society 사회 stronger 더 강한 than ~보다 harder 더 어려운 working mother 직업을 가진 어머니 still 여전히 discriminate 차별하다 workplace 직장

actually 실제로 physically 신체적으로 mentally 정신적으로 support 부양하다 have to(has to) ~해야 한다 also 또한 outside 밖에서 like~처럼 great 훌륭한 play a role 역할을 하다 housewives (housewife의 복수) 주부들 better 더 잘하는

Q&A (1)

1. (1) Yes, they are equal in our society.(예, 그들은 우리 사회에서 평등해요.)
   (2) Actually, they are not equal in our society.
   (실제로, 그들은 우리 사회에서 평등치 않아요.)

2. Yes, physically. (예, 육체적으로요.)
   But, sometimes, women are stronger than men mentally.
   (그러나 때때로 여성은 정신적으로 남성보다 더 강해요.)

3. (1) Men's life. They have to support their family.
   (남성의 삶이요. 그들은 가족을 부양해야 해요.)
   (2) Women's life. They have to take care of their children.
   (여성의 삶이요. 그들은 아이들을 돌봐야 해요.)
   And some of them also work outside like men.
   (그리고 그들 중 몇몇은 남성처럼 바깥일도 해요.)

4. (1) They are great (because they play two roles in their life).
   (그들은 삶에서 2가지 역할을 하니까 훌륭해요.)
   (2) I prefer housewives (because they can take care of children better than working mother).
   (난 그들이 일하는 주부보다 더 아이를 잘 돌볼 수 있어서 주부를 선호해요.)

5. (1) Yes, they are still discriminated in the workplace.
   (예, 그들은 직장에서 여전히 차별당해요.)
   (2) No, their working condition is improving.
   (아니요, 그들의 직장 분위기는 향상되고 있어요.)

Books, Newspapers & Magazines

Q&A (1)

1. Which one do you prefer, a morning newspaper or an evening newspaper?
   (당신은 조간신문과 석간신문 중 어느 것이 더 좋아요?)

2. What newspapers do you subscribe to? (무슨 신문을 구독해요?)
   What magazines do you subscribe to? (무슨 잡지를 구독해요?)

3. Which section do you read first in a newspaper?
   (뉴스에서 처음 읽는 부분이 어디에요?)

4. Why do you read a newspaper?
   (왜 당신은 신문을 읽어요?)

5. What kind of books do you read?
   (당신은 무슨 종류의 책을 읽어요?)
   What was the most impressive book?
   (가장 인상 깊은 책이 뭐였죠?)

---

morning newspaper 조간신문 evening newspaper 석간신문
subscribe to ~을 구독하다 section 부문, 부분 first 먼저
the most impressive 가장 인상적인

Q&A (1)

1. I prefer a morning newspaper / an evening newspaper.
   (난 조간신문 / 석간신문을 더 선호해요.)

2. (I subscribe to) Chosun Ilbo / Donga Ilbo.
   (난 조선일보 / 동아일보를 구독해요.)
   (I subscribe to) Cosmopolitan / Vogue.
   (난 코스모폴리탄 / 보그지를 선호해요.)

3. (I read) Society / Politics / Entertainment (first in a newspaper). (난 사회 / 정치 / 연예 부분을 처음 읽어요.)

4. (I read a newspaper) to get a new information.
   (난 새로운 정보를 얻기 위해 신문을 읽어요.)

5. (I read) biographies / novels / poem.
   (난 자서전 / 소설 / 시를 읽어요.)
   (The most impressive book was) "Living History" by Hillary Clinton. (가장 인상 깊은 책은 힐러리 클린턴의 "살아있는 역사"입니다.)

---

society 사회 politics 정치 entertainment 연예 biography 전기
novel 소설 poem 시 by ~가 쓴

Chapter 29 Education

Q & A (1)

1. Are you satisfied with Korean education system?
   (당신은 한국의 교육 시스템에 만족하나요?)

2. Do you think a college degree is necessary?
   (당신은 대학학위가 필수라고 생각하나요?)
   Do you think you can get a better job with a college degree?
   (당신은 대학학위를 가지고서 더 나은 직업을 얻을 수 있다고 생각해요?)

3. In Korea, is there any educational inequality between the rich and the poor?(한국에서 빈곤층과 부유층 사이의 교육 불균형이 있나요?)

4. Do you think physical punishment should be banned in school? (당신은 학교에서 신체적 체벌이 금지되어야 한다고 생각해요?)

5. What can we do to reinforce public education?
   (우린 공교육을 강화하기 위해 무얼 할 수 있나요?)

---

education 교육 educational 교육적인, 교육의 be satisfied with ~에 만족하다 system 제도 college degree 대학교 학위 necessary 필요한 better 더 좋은 any 어떤 inequality 불평등 between A and B A와 B 사이에 the rich(=rich people) 부유한 사람들 the poor(=poor people) 가난한 사람들 physical punishment 체벌 ban 금지하다 be banned (ban의 수동태) 금지되다 reinforce 강화하다 public education 공교육

depend on ~에 달려 있다 ability 능력 allow 허락하다 improve 향상시키다 entrance 입학 be changed (change의 수동태) 바뀌다

Q&A (1)

1. (1) Yes, I am. (예.)
   (2) No, it's not enough. (아니요, 충분치 않아요.)

2. (1) Yes, it's necessary. (예, 필수죠.)
   Yes, I can get a better job with a college degree.
   (예, 난 대학학위를 가지고 더 나은 직업을 얻을 수 있어요.)
   (2) No, it's not necessary. (아니요, 필수가 아니에요.)
   No, to get a better job depends on his(her) ability.
   (아니요, 더 나은 직업을 얻는 건 능력에 달린 거죠.)

3. Yes, There is a lot of educational inequality between the rich and the poor.
   (예, 빈곤층과 부유층 사이엔 많은 교육 불균형이 있어요.)

4. (1) Yes, physical punishment should be banned in school.
   (예, 학교에서 신체적 체벌을 금지해야 해요.)
   (2) No, we should allow it. (아니요, 우린 그것을 허용해야 해요.)

5. (1) (To reinforce public education), teachers should try to improve their ability. (공교육을 강화하기 위해서는, 선생님들이 능력을 향상시키도록 노력해야 해요.)
   (2) College entrance system should be changed.
   (대학입학 시스템은 변화되어야 해요.)

Chapter 30 Crime & Punishment Q&A(1)

1. Have you ever broken the law?
   (당신은 법을 어긴 적이 있나요?)

2. Why do people commit crimes?
   (왜 사람들은 범죄를 저지르죠?)

3. How can we reduce crimes?
   (우린 어떻게 범죄를 줄일 수 있나요?)

4. In what way, is society responsible for crimes?
   (어떤 면에서 사회는 범죄에 책임이 있나요?)

5. Are you against the death penalty?
   (당신은 사형제도에 반대하나요?)

---

crime 범죄 punishment 처벌 broken (break의 과거분사) break the law 법을 위반하다 commit crimes 범죄를 저지르다 reduce 줄이다 in what way 어떤 면에서 society 사회 be responsible for ~에 책임이 있다 against ~에 반대하여 death penalty 사형

break 위반하다 traffic rule 교통 규칙 sometimes 때때로 on purpose 고의로 in many cases 많은 경우에는 by accident 우연히 toughen (처벌)강화하다 prevent 예방하다 more 더 많이 take (목숨) 빼앗아가다 in any case 어떤 경우라도 agree with ~에 동의하다 victim 희생자

Q&A (1)

1. (1) Yes, I have. (예.)
   (2) No, I haven't. I just break the traffic rules sometimes.
   (아니요, 난 가끔 교통법규를 어겼을 뿐이에요.)

2. Sometimes, on purpose. But, in many cases, by accident.
   (때때로, 고의적으로요. 그러나 대부분 우연이죠.)

3. (1) To reduce crimes, we should toughen punishment.
   (범죄를 감소시키기 위해, 우린 강한 처벌을 해야 해요.)
   (2) We should try to prevent crimes more.
   (우린 범죄를 막기 위해 더 노력해야 해요.)

4. Society should try to prevent crimes.
   (사회는 범죄를 막기 위해 노력해야 해요.)

5. (1) Yes, I'm against the death penalty.
   (예, 난 사형제도에 반대해요.)
   We can't take somebody's life in any case.
   (우린 어떤 경우에도 남의 생명을 박탈할 수 없어요.)
   (2) No, I agree with the death penalty for the victim's family.
   (아니요, 난 희생자의 가족을 위해 사형제도를 찬성해요.)